AF564185

MÉMOIRE

SUR LES

TURBINES DU SYSTÈME HYDROPNEUMATIQUE

INVENTÉ PAR M. L. D. GIRARD

ET SUR LES

APPLICATIONS DE CES TURBINES PERFECTIONNÉES

PAR MM. L. D. GIRARD ET CH. CALLON
Ingénieurs civils à Paris.

EXTRAIT
du **GÉNIE INDUSTRIEL**, de **MM. ARMENGAUD** frères, Ingénieurs
Février 1852

PARIS
IMPRIMERIE J. CLAYE ET Cie
RUE SAINT-BENOÎT, 7

1852

Vp

7872

MÉMOIRE

SUR LES TURBINES DU SYSTÈME HYDROPNEUMATIQUE,

ET SUR LES

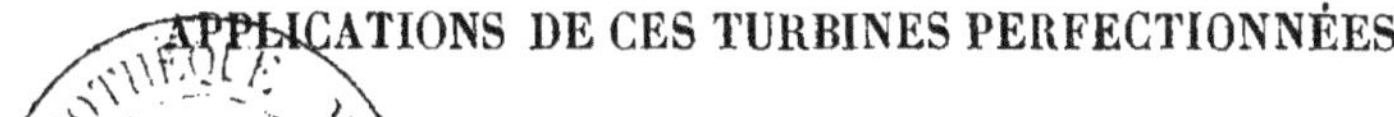

APPLICATIONS DE CES TURBINES PERFECTIONNÉES.

BIBLIOTHÈQUE NATIONALE R.F. IMPRIMÉS

I.

On a publié, dans ces dernières années, diverses notes historiques relatives aux perfectionnements modernes qui ont été successivement appliqués aux turbines, et qui, tous, on peut le dire, ont pris naissance en France, où cette question a été étudiée depuis vingt ans par un grand nombre d'ingénieurs distingués.

Nous citerons :

La notice insérée dans le bulletin de novembre 1844 de la *Société d'encouragement;*

Celles insérées page 439 du premier volume de la *Publication industrielle* (année 1841), page 94 du deuxième volume (année 1842), et en outre les descriptions contenues dans les quatrième et sixième volumes ;

Enfin le mémoire de M. Ch. Lombard, inséré dans le numéro d'octobre du *Génie industriel.*

En lisant ces diverses notices, on reconnaît immédiatement que tous les ingénieurs sont d'accord touchant les inconvénients de la distribution de l'eau motrice sur toute la périphérie de la turbine. Ce mode de distribution, en effet, bien qu'il ait fait originairement la fortune des turbine Fourneyron, Fontaine, Kœchlin, etc., en permettant d'obtenir une grande puissance avec des roues petites, légères, et tournant vite et sous l'eau, a le grave défaut de réduire considérablement le rendement de ces turbines, lorsqu'il faut les faire marcher à de petites levées de vannes, c'est-à-dire lorsqu'on se trouve dans la saison des sécheresses, celle où le rendement du récepteur aurait précisément le plus de prix. Presque tous les constructeurs de turbines se sont ingéniés avec plus ou moins de bonheur à corriger ce défaut radical de leurs machines :

M. Fourneyron, par la division de sa couronne mobile au moyen de diaphragmes horizontaux ;

M. Fontaine, par son ingénieuse *turbine double ;*

M. Kœchlin, enfin, dont la machine se prête encore bien moins que les précédentes à l'utilisation des volumes variables, en établissant souvent deux ou plusieurs turbines de diverses grandeurs, attelées sur le même arbre de transmission, mais disposées de manière à pouvoir marcher ensemble ou séparément, selon l'abondance des eaux.

Ces divers remèdes ne sont, à proprement parler, que des palliatifs assez incomplets.

Comprenant l'utilité d'un remède plus rationnel et plus efficace, M. Callon prit, en août 1840, un brevet pour la substitution de vannes partielles aux vannages ordinaires des turbines Fourneyron et Fontaine.

Ces vannes partielles ou vannettes devaient, dans la pensée du breveté, se lever à la main et successivement, en nombre variable et proportionné à la masse de l'eau disponible, de manière que l'effet utile de la turbine se maintînt aussi à très-peu près proportionnel à la puissance *actuelle* du cours d'eau.

M. Poncelet, vers la fin de 1844, eut la bonté d'indiquer à l'auteur l'idée d'un mécanisme propre à manœuvrer *mécaniquement* ces vannes partielles, et présentant de l'analogie avec celui dont il sera question plus loin, dans la description de la turbine établie à la papeterie d'Egreville par MM. L.-D. Girard et Ch. Callon.

II.

Mais cette distribution de l'eau motrice par des vannes partielles, sur deux arcs diamétralement opposés et d'une étendue variable depuis 1 jusqu'à 20, par exemple (si l'on suppose quarante vannes ou orifices adducteurs), éminemment bonne et rationnelle pour le cas exceptionnel d'une turbine Fontaine marchant sous une chute à niveaux invariables, ou d'une turbine Fourneyron marchant sous une chute assez élevée pour qu'on puisse négliger une fraction de cette chute égale à la hauteur de la couronne mobile, cette distribution, disons-nous, devient impraticable lorsqu'il s'agit de l'appliquer à un cours d'eau dont le volume et les niveaux d'amont et d'aval sont variables, comme cela se présente, neuf fois sur dix au moins, dans la pratique.

En effet, dès que la turbine doit marcher noyée, la distribution ou injection de l'eau motrice par vannes partielles, telle qu'elle existe dans la turbine de M. Lombard (numéro d'octobre du *Génie industriel*), devient inférieure à la distribution sur toute la périphérie de la turbine, à cause des frottements et tourbillonnements qui résulteraient de la rotation, dans l'eau extérieure d'aval, des canaux mobiles correspondant aux arcs où l'injection ne se ferait pas.

Pour tirer un parti utile de l'idée de l'injection par vannes partielles, il fallait donc trouver un moyen de débarrasser les turbines des eaux exté-

parce qu'on obtiendra une vitesse de rotation plus grande, soit parce qu'on aura peu d'intérêt à économiser l'eau.

Les considérations qui précèdent ne sont autres que celles que M. Poncelet a exposées depuis un grand nombre d'années, dans ses savantes leçons à la Sorbonne. Mais il était nécessaire, pour qu'elles pussent passer dans la pratique, qu'on trouvât un moyen de débarrasser la turbine de l'influence nuisible des eaux extérieures d'aval; car, tant que la turbine restait noyée, on ne pouvait pas tirer un parti utile, soit, comme nous l'avons déjà dit, de la distribution de l'eau par vannes partielles, soit de la marche de l'eau dans la turbine par libre déviation.

L'*hydropneumatisation* des turbines, imaginée par M. L.-D. Girard, pouvait seule remplir cette lacune importante dans l'organisation de ces précieux récepteurs.

IV.

Les premières expériences entreprises par MM. Girard et Callon dans la vue de vérifier les avantages de l'hydropneumatisation des turbines, ont été faites sur une turbine du système Fontaine de 30 chevaux, et sont rapportées dans le compte-rendu de l'Académie des sciences (séance du 28 avril 1851).

Il résulte de ces expériences que, lorsque ladite turbine marchait pleine d'eau, le frottement qu'elle éprouvait dans l'eau d'aval était de 4 p. 0/0; c'est-à-dire qu'en représentant par 1 le travail de la turbine *noyée*, le travail de la turbine *dénoyée* était de 1,04.

Puis, lorsqu'on réduisait la levée des vannes au tiers seulement de leur levée totale, cas auquel la veine commençait à pouvoir dévier *librement*, l'hydropneumatisation de la turbine augmentait de 40 p. 0/0, c'est-à-dire dix fois plus que dans le premier cas, le travail qu'elle transmettait étant noyée.

La conclusion à tirer de ces expériences était facile; c'est qu'en construisant une turbine *hydropneumatique* et à *vannes partielles*, où conséquemment la libre déviation pourrait toujours avoir lieu, toute perte de travail par les tourbillonnements serait désormais évitée; que l'on obtiendrait donc, quel que fût le volume d'eau dépensé par la turbine, un rendement *constant*, sauf la très-légère influence due au frottement du pivot et du collet de l'arbre.

M. Dufay, propriétaire de la papeterie d'Égreville, comprit parfaitement l'importance de ces conclusions, dont la réalisation assigne désormais à la turbine le premier rang parmi les récepteurs hydrauliques, puisqu'elles la relèvent du reproche de ne donner qu'un faible rendement dans les sécheresses, c'est-à-dire dans la saison où un fort rendement a, en général, le plus de prix. En conséqnence, M. Dufay, chargea, en mai dernier, MM. Girard et Ch. Callon de la construction d'une nouvelle turbine de 33 chevaux, disposée conformément à leurs vues.

Nos lecteurs nous sauront gré de reproduire ici la note insérée dans le compte-rendu de l'*Académie des sciences* du 6 octobre 1851, touchant les expériences qui viennent d'être faites sur cette turbine.

I. Ces expériences, vu l'époque où elles ont été faites, ont porté sur des petits volumes et sur des hautes chutes, c'est-à-dire que la turbine s'est trouvée *naturellement* dénoyée.

Cette turbine a la forme générale de la turbine Fontaine, sauf que, 1° ses vannettes, au nombre de quarante, au lieu de se lever *toutes ensemble et d'une quantité variable*, selon le volume de l'eau à dépenser, se lèvent par couples diamétralement opposés et toujours de toute leur hauteur, mais en *nombre proportionné* à la masse liquide qu'on veut faire agir sur le récepteur ; 2° ses canaux mobiles ou récepteurs, en nombre *égal* à celui des adducteurs, ont été tracés suivant une forme qui assure la déviation de la veine liquide.

Quand les eaux d'aval seront remontées au point de noyer la turbine, on *hydropneumatisera* celle-ci, afin de la maintenir dans les conditions de rendement, en la débarrassant de l'action des eaux extérieures d'aval.

II. Les huit premières colonnes du tableau ci-après ne réclament aucune explication.

Pour obtenir les quantités d'eau consignées dans la neuvième colonne, nous avons calculé purement et simplement, dans chaque cas, le volume correspondant à l'aire totale des adducteurs ouverts et à la charge de l'eau d'amont au-dessus de l'orifice de ces adducteurs, en prenant pour coefficient de réduction de la dépense 0,90, chiffre qui doit être plutôt trop fort que trop faible, ainsi que l'ont démontré les observations qui suivent.

La papeterie d'Égreville est mise en mouvement par deux turbines du système Fontaine, précédemment établies par M. Ch. Callon, et par celle qui fait le sujet de la présente Note. Ayant arrêté les turbines, on s'est assuré qu'il fallait ouvrir, d'une certaine quantité, la vanne en tête de la dérivation, pour empêcher le niveau de baisser dans le canal d'amenée de l'usine. Après quelques tâtonnements, ce niveau s'est maintenu parfaitement constant pendant au moins cinq minutes, tant en amont qu'en aval de la vanne de prise d'eau, moyennant une ouverture de $0^{m}21$ de cette vanne, large de $2^{m}500$, et une différence de niveau de $0^{m}08$ de l'amont à l'aval ; ce qui correspond à une dépense d'environ

$$0{,}66 \times 2{,}500 \times 0{,}21 \times \sqrt{2g \times 0^{m}08} = 0^{m.c.}434,$$

en adoptant 0,66 pour coefficient de contraction.

La turbine neuve n'était et ne pouvait être pour rien, vu le mode de construction et de manœuvre de ses vannettes, dans cette perte de 434 litres par seconde, qui doit, par conséquent, être défalquée de celle qui va être ci-après calculée.

Or, quand vingt vannettes (sur quarante) ont été ouvertes (expérience n° 22), nous avons observé que la dénivellation qu'elles produisaient depuis l'entrée de la prise d'eau jusqu'à la vanne précitée, ouverte en grand, était de $0^{m}05$, la profondeur étant d'ailleurs de $1^{m}15$ en moyenne. Il passait donc par cette prise d'eau un volume qui était théoriquement de

$$2^{m}50 \times 1{,}15 \times \sqrt{2g \times 0{,}05},$$

ou

$$2^{m.c.}846.$$

Il est *impossible* d'estimer les frottements et contraction au-dessous de 0,05 de la dépense; c'est-à-dire que le volume réellement dérivé était au plus,

$$0{,}95 \times 2^{\text{m. c.}}\,846 = 2^{\text{m. c.}},704\,;$$

il y a à défalquer, comme il a été dit, $0^{\text{m. c.}}$ 434.

Reste pour la dépense de la turbine neuve, et par seconde,

$$2{,}704 - 0{,}434 = 2^{\text{m. c.}}\,270.$$

Or, nous avons par les adducteurs (expérience n° 22), $2^{\text{m. c.}}$,304.

Il y a donc concordance, à 1 1/2 p. 100 près, entre les deux modes de jaugeage, et nous avons choisi le plus défavorable comme point de départ de nos calculs.

III. En examinant quelques instants le tableau ci-après, on reconnaîtra de suite :

1° Que, pour des vitesses variables entre dix-huit et vingt-sept tours par minute, et pour des volumes variables entre 651 et 2304 litres (six à vingt vannettes ouvertes sur quarante), le rendement s'est maintenu entre 70 et 75 p. 100 en nombre rond ;

2° Qu'en chargeant la turbine de manière à réduire sa vitesse à neuf ou dix tours seulement par minute (expériences nos 18 et 19), on a encore obtenu un rendement de 60 p. 100.

Le premier de ces résultats est celui sur lequel nous désirons surtout appeler l'attention de l'Académie.

En effet, il est digne de remarque que, tandis que la turbine de Mühlbach (*Hydraulique* de d'Aubuisson, page 466, ou *Expérieuces* de M. Morin), dont le rendement monte à 0,79 lorsqu'elle marche à pleine eau, voit ce rendement baisser à 0,37 quand la levée des vannes est réduite à

$$\frac{5}{27} = 0{,}185,$$

la nouvelle turbine d'Égreville travaille avec un rendement constant, lors même que le nombre des vannes ouvertes est réduit aux

$$\frac{6}{40} = 0{,}15 \text{ du nombre total.}$$

3° Voici encore une expérience, en quelque sorte toute pratique, que nous avons entreprise pour comparer l'effet utile de la nouvelle turbine avec celui des deux turbines, du système Fontaine, déjà existantes dans l'usine.

La charge complète de ces deux turbines, telle qu'elle résulte des expériences faites dans le temps par M. Ch. Callon, ne peut pas dépasser 45 chevaux. Or, quand ces deux turbines marchaient, le 15 septembre dernier, elles produisaient à l'entrée de la prise d'eau, toutes choses égales d'ailleurs, une dénivellation de 0^{m} 09, là où une dénivellation de 0^{m} 05 suffisait à la nouvelle turbine pour donner $41^{\text{ch.}}$ 84 (expérience n° 22).

Cela veut dire que si la nouvelle turbine eût dépensé l'eau qu'absorbaient les deux autres, elle eût donné au frein une force de

$$41^{\text{ch.}}\,84\sqrt{\frac{0{,}09}{0{,}05}} = 56 \text{ chevaux environ ;}$$

celles-ci n'en donnent que 45 au maximum, en marchant pleines d'eau.

Tableau des Expériences faites les 14 et 15 septembre 1851 sur la Turbine du Syst

NUMÉROS DES EXPÉRIENCES.	CHARGE DU FREIN : $r = 3^m 50$. P.	NOMBRE DE TOURS DE L'ARBRE — comptés à plusieurs époques de chaque expérience et par minute.	NOMBRE DE TOURS DE L'ARBRE — Moyennes. N.	CHUTE. H.	CHARGE SUR LE CENTRE des orifices adducteurs, génératrice de la vitesse des veines d'eau affluentes : $C = H - 0^m 34$. C.	NOMBRE des VANNETTES LEVÉES. n.	SECTION TOTALE des orifices adducteurs ouverts : $n \times 0^m 52 \times 0^m 046 = S$. S.	VOLUME D'EAU dépensée par la turbine
	kil.	tours.	tours.	mètres.	mètres.		millim.	lit
1	42	22 $\frac{3}{4}$ 22 $\frac{1}{2}$ 23.0	23.08	1.80	1.46	4 (sur 40)	0.0956	
2	103	26.0 26.5	26.25	1.76	1.42	8	0.1912	
3	113	25.5	25.5	1.76	1.42	8	0.1912	
4	170	25.5	25.5	1.72	1.38	12	0.2868	
5	228	25.0	25.0	1.66	1.32	16	0.3824	
6	228	21.5 22.0 24.0	22.5	1.65	1.31	16	0.3824	
7	228	24.0 24.5	24.25	1.65	1.31	16	8.3824	
8	238	24.0 24.5	24.25	1.65	1.31	16	0.3824	
9	278	21.0	21.0	1.63	1.29	16	0.3824	
10	298	19.5	19.5	1.62	1.28	16	0.3824	
11	208	25.5 25.0	25.25	1.62	1.28	16	0.3824	
12	378	18.0 17.5	17.75	1.56	1.22	20	0.4780	
13	378	18.0	18.0	1.60	1.26	20	0.4780	
14	338	20.75 21.0	20.875	1.58	1.24	20	0.4780	
15	378	21.0 20.50	20.75	1.69	1.35	20	0.4780	
16	82	27.0	27.0	1.635	1.295	6	0.1435	
17	102	21.5	21.5	1.635	1.295	6	0.1435	
18	162	11.0 10.75	10.875	1.635	1.295	6	0.1435	
19	202	8.5 9.0	8.75	1.635	1.295	6	0.1435	
20	202	21.0	21.0	1.79	1.450	10	0.2392	
21	318	13.75 14.0	13.875	1.80	1.46	10	0.2392	
22	398	21.5	21.5	1.80	1.46	20	0.4780	

...du Système Hydropneumatique établie à Égreville (Seine-et-Marne).

VOLUME D'EAU dépensée par la turbine en une seconde : $0.9 \times S \times \sqrt{2gC} = Q$. Q.	TRAVAIL THÉORIQUE, exprimé en chevaux : $T = \frac{Q.H}{75}$. T.	TRAVAIL EFFECTIF, EN CHEVAUX, calculé au moyen du frein : $r = 3^m 50$, $2\pi r = 22^m 00$, $T' = \frac{P.N \times 22^m}{60'' \times 75^{km}}$. T'.	RENDEMENT de LA TURBINE. $\frac{T'}{T}$.		OBSERVATIONS.
litres.	chevaux.	chevaux.			
460	11.04	4.74	0.43	0.43	PREMIÈRE SÉRIE (14 septembre). Dans cette série, la turbine formait un peu frein contre son vannage, ce qui, joint à ce que le pas et la bague du pivot étaient un peu dérangés, a dû affecter le rendement d'une manière préjudiciable, surtout dans les expériences 1 à 4 faites avec un petit nombre d'orifices adducteurs.
909	21.33	13.22	0.620	0.64	
909	21.33	14.09	0.661		
1342	30.78	21.60	0.70	0.70	
1752	38.77	27.87	0.719		
1745	38.39	25.09	0.654	0.69	
1745	38.39	27.04	0.704		
1745	38.39	28.22	0.735		DEUXIÈME SÉRIE (14 septembre). La turbine ne formait plus frein contre son vannage. Le petit dérangement du pivot existait toujours, mais il est impossible de dire quelle pouvait être son influence sur le rendement. On a remarqué que, lorsque le nombre des adducteurs ouverts était porté à 16 et plus, l'eau d'amont, à l'endroit où était placée la règle graduée qui servait à mesurer la chute, était d'environ $0^m 02$ plus haute qu'au-dessus de la turbine ; en sorte que, rigoureusement parlant, les chutes auraient dû être diminuées de $0^m 020$, ce qui aurait augmenté de près de 1 pour 100 les rendements correspondants.
1731	37.62	28.55	0.759	0.74	
1724	37.37	28.42	0.761		
1724	37.37	25.68	0.687		
2104	43.77	32.81	0.750		
2138	45.61	33.27	0.729	0.75	
2124	44.68	34.01	0.761		
2216	49.93	38.35	0.768		
651	14.19	10.83	0.763	0.76	TROISIÈME SÉRIE (15 septembre). Voir l'observation relative à la deuxième série.
651	14.19	10.72	0.756		
651	14.19	8.61	0.60	0.60	Expériences faites pour reconnaître le rendement à des vitesses très-réduites.
651	14.19	8.64	0.64		
1147	27.38	20.74	0.757	0.75	
1152	27.65	»	»	»	Le plateau touchait terre dans l'expérience n° 21.
2304	55.30	44.84	0.757	0.75	

V.

Nous ne pouvons nous dispenser de nous arrêter quelques instants sur les résultats de ces expériences, pour les faire parfaitement comprendre de nos lecteurs.

1° Un rendement constant de 75 p. 0/0 pour des ouvertures d'adducteurs variables de 6 à 40, ou de 0.15 à 1, dépasse tout ce qui a été obtenu jusqu'à ce jour. Ainsi, par exemple, M. Ch. Lombard, dans les expériences rapportées p. 246, tom. II, annonce un effet utile de 61 p. 0/0 seulement quand le rapport des orifices ouverts de sa turbine au nombre total de ces orifices est de 0.14 — ; encore faut-il observer que sa turbine marchait *dénoyée* (pl. 39, fig. 5). Nul doute que le rendement ne se fût abaissé à 50 p. 0/0 au moins, si la turbine eût été noyée dans cette circonstance. Il suffit pour cela de se reporter à ce qui est dit plus haut (compte-rendu de l'Académie des sciences du 28 avril 1851).

2° L'existence, ainsi constatée, d'un rendement constant pour des volumes très-différents, facilitera désormais beaucoup l'étude des projets d'établissement de turbines. Jusqu'alors on se trouvait toujours entre deux écueils également fâcheux; si l'on faisait, en vue des sécheresses, une turbine d'une petite capacité, on n'avait presque pas de force dans les *grandes eaux*, lorsque la chute était réduite, et l'on avait le chagrin de voir le mouvement de l'usine paralysé en partie, alors que d'énormes masses d'eau passaient par les vannes de décharge. Si, au contraire, on faisait une grande turbine, c'était souvent pis encore, parce que son rendement se réduisait considérablement à l'étiage, en même temps que la masse d'eau disponible elle-même. Un grand nombre de turbines, même parmi les plus perfectionnées, ont été réformées depuis dix ans par suite de mécomptes semblables. — Désormais, on aura intérêt à donner à la turbine toute la capacité nécessaire pour obtenir amplement, sous la chute *réduite* d'hiver, la puissance dont on a besoin, parce que le rendement n'en souffrira pas *en été*, lorsque la turbine travaillera avec peu d'eau et beaucoup de chute. Autre conséquence : — On sera libre de donner à la turbine tel diamètre et par conséquent tel nombre de tours que nécessiteront les circonstances locales, puisque l'eau, donnée sur une faible fraction seulement de la circonférence, n'en produira pas moins tout son effet utile.

3° On doit remarquer aussi que la propriété de la nouvelle turbine, de maintenir un rendement de 60 p. 0/0 sous une vitesse réduite aux 10/27 environ de la vitesse normale, la chute restant la même, est d'une haute importance quand il s'agit de faire mouvoir des machines dont la résistance ou la vitesse sont susceptibles de varier, telles que pompes, laminoirs, etc. — Et *réciproquement*, il est digne de remarque que la même vitesse peut se concilier avec des chutes variables de $(10)^2$ à $(27)^2$ ou de

1 à 7, sans que le rendement éprouve une diminution de plus d'un cinquième sur sa valeur maximnm.

4° L'absence de pression entre les deux couronnes fixe et mobile dispensera au besoin, dans l'établissement des turbines en question, de la précision extrême qu'exigent les turbines à réaction. — De là, possibilité de faire, pour les petits moulins et autres usines de peu de valeur, des turbines économiques, partie en métal, partie en bois. (Voir la description d'une turbine brevetée de ce genre dans la 4e livraison de la 5e partie du *Recueil des machines* de Le Blanc.)

5° Nous avons dit plus haut que l'aire des orifices expulseurs, dans la nouvelle turbine, doit être et est plus grande que celle des adducteurs, afin d'assurer la libre déviation des veines liquides. Le contraire a lieu dans les autres turbines (Fourneyron, Fontaine, etc.) où les canaux mobiles sont plus nombreux et plus resserrés à la sortie que les orifices adducteurs. De ce simple fait résulte subsidiairement, pour la turbine de MM. L.-D. Girard et Ch. Callon, l'impossibilité d'engorgement des canaux mobiles par les herbes et autres corps étrangers. Ceux-ci, lorsqu'ils auront pu passer, soit à travers les barreaux de la grille placée en tête du canal d'arrivée, soit à travers les orifices adducteurs, passeront nécessairement et sans le moindre obstacle dans les canaux mobiles. Ainsi, on pourra bien être obligé, de temps en temps, de descendre dans la chambre d'eau de la turbine, après avoir fermé la vanne de garde, pour nettoyer les adducteurs; mais on n'aura jamais à descendre dans le *canal de fuite*, pour nettoyer les canaux de la couronne mobile.

6° Sur certains petits cours d'eau, à hautes chutes, sujets à charrier beaucoup d'herbes et de feuilles, la facilité d'obstruction des anciennes turbines a été quelquefois un motif de rejet absolu, parce que ces petits cours d'eau ne pouvaient être utilisés qu'avec des turbines d'un petit diamètre, dont les ajutages et les canaux étaient d'une dimension très-réduite. — La possiblité de faire des turbines d'un grand diamètre, recevant l'eau sur une faible partie de leur circonférence, c'est-à-dire par un petit nombre d'adducteurs, sans préjudice pour le rendement (en raison de ce qu'elles sont soustraites à la résistance des eaux d'aval), cette possibilité rendra évidemment les turbines moins sujettes à s'obstruer, puisque 30 ou 40 petits orifices, par exemple, seront remplacés par 4, 6, 8 de grandes dimensions.

7° Les turbines, par cela même qu'on pourra les faire plus grandes, seront d'une construction moins délicate. Elles feront moins de tours dans un temps donné; or, pour de grandes chutes, la grande vitesse des turbines devient quelquefois un embarras, au lieu d'être un avantage.

En général, MM. Girard et Callon se proposent, pour les chutes inférieures à 2m,00 ou 2m,50, et pour les forts volumes d'eau, d'établir leurs nouvelles turbines hydropneumatiques sur le modèle de celle d'Égreville (fig. 2 à 7, pl. 52), qu'ils appellent *turbine hydropneumatique à soulèvements successifs*. Le mécanisme qu'ils emploient pour lever ou baisser sucessivement les vannettes des orifices adducteurs, en opérant à la fois sur deux vannettes diamétralement opposées, est très ingénieux, d'une construction commode et bien entendue, et de nature à permettre facilement l'application d'un régulateur. Ce mécanisme pouvant être conduit, par un renvoi d'arbres et de rouages, en un point quelconque de l'atelier, pour y être mis à la disposition de l'ouvrier qui le manœuvrera sans se déplacer, est bien supérieur à tout ce qu'on a indiqué jusqu'à présent dans les projets de turbines à vannes partielles.

Pour les chutes supérieures à $2^{m}50$, les auteurs emploient, soit la *turbine hydropneumatique* A PAPILLON, avec chambre d'eau en charpente comme à l'ordinaire, soit la *turbine hydropneumatique* **A PAPILLON** *et à* **BACHE** *en fonte*.

Ces turbines, avec vannage *à papillon*, à force égale, coûteront sensiblement moins cher que les turbines munies de vannages à soulèvements successifs et par couples.

La première, représentée sur la planche 51, est destinée à utiliser une chute de $3^{m}50$ à $4^{m}00$, d'une puissance de 60 chevaux effectifs, dans l'usine de MM. Lieutenant et Peltzer, à Verviers (Belgique).

La deuxième, représentée sur la fig. 1re de la pl. 52, et vendue à MM. Bryan-Donkin et Comp., à Londres, est d'une puissance de 28 chevaux effectifs, sous la chute *invariable* de $13^{m}12$. — La grande élévation de la chute et la faiblesse du volume d'eau à dépenser motivent l'emploi d'une bâche en fonte alimentée par un conduit latéral, également en fonte. — L'invariabilité du niveau d'aval dispense ici d'hydropneumatiser la turbine, mais permet, par cela même, de la disposer suivant les règles propres aux turbines hydropneumatiques, c'est-à-dire permet de faire agir l'eau par libre déviation et sur une fraction, variable d'ailleurs suivant la masse d'eau qu'on a à débiter, de la circonférence de la turbine.

VI.

TURBINE HYDROPNEUMATIQUE DITE A VANNES PARTIELLES OU PAR SOULÈVEMENTS SUCCESSIFS.

(Légende explicative, fig. 2 à 7, pl. 52).

Les fig. 2 à 7 de la planche 52 représentent cette turbine, dont nous venons de résumer plus haut les propriétés caractéristiques.

Fig. 2. — Coupe verticale de la turbine et de ses divers accessoires, faite par un plan passant par l'axe et parallèle au cours de l'eau.

Fig. 3. — Projection horizontale du plancher supérieur de la turbine (rez-de-chaussée) et du mécanisme au moyen duquel on ouvre ou on ferme tel nombre d'orifices adducteurs que l'on veut.

Fig. 4. — Tracé d'un *orifice adducteur* formé de deux directrices consécutives, de la vannette correspondante, et de deux aubes mobiles composant un *orifice récepteur*.

Fig. 5. — Même tracé, en supposant la vannette abaissée, tandis qu'elle est représentée levée dans la fig. 4.

Fig. 6. — Vue de la couronne à double gorge, au moyen de laquelle on soulève ou on abaisse les vannettes précitées.

Fig. 7. — Reproduction d'une partie de la fig. 6, dans laquelle on a représenté l'une des vannettes *au haut* et la suivante *au bas* du plan incliné qui sert à passer d'une gorge dans l'autre.

Les mêmes objets sont représentés par les mêmes lettres sur toutes les figures.

A, arbre creux en fonte, sur lequel est fixée la turbine, et dont le prolongement E est destiné à transmettre le mouvement dans l'intérieur de l'usine.

B, arbre fixe en fer, solidement fixé, par son extrémité inférieure, sur une poëlette en fonte C.

D, forte pierre de taille, assise sur une bonne fondation, pour recevoir la poëlette C qui y est scellée au moyen de quatre boulons.

d, pivot en fer forgé, aciéré par le bas, et muni d'un écrou en bronze au moyen duquel on règle la hauteur du système. A l'aide de ce pivot, la turbine, son arbre creux A et le prolongement E de ce dernier reposent sur la colonne, ou arbre fixe, B, qui porte à son sommet une crapaudine en bronze avec pas en acier.

Nous avons expliqué avec détails, dans un autre Recueil (1), la construction de ce système de pivot, appliqué par M. Fontaine et par MM. Fromont, ses successeurs, à un grand nombre de turbines, et nous avons insisté sur les avantages propres à cette ingénieuse disposition, au point de vue du graissage, de la visite du pivot, etc. — La fig. 2 présente toutefois une modification importante, due à MM. Fromont, et qui consiste : 1° dans l'ovalisation du renflement à jour S de l'arbre creux; 2° dans l'addition d'une pièce *d*, rapportée et fixée contre le renflement S, de telle sorte qu'en dévissant cette pièce, après avoir fait porter le dessous du renflement S sur deux chantiers, on puisse facilement retirer le pivot ou sa crapaudine, ou les remettre en place.

F, couronne en fonte, formant la turbine proprement dite. Celle qui est représentée sur les fig. 2, 4, 5, a $0^{m}300$ de hauteur, $0^{m}520$ de largeur et $2^{m}480$ de diamètre moyen; elle porte quarante aubes venues de fonte avec les deux cylindres qui la composent. Elle est munie de bras H et d'un moyeu, à la manière d'une roue d'engrenage, pour se fixer sur l'arbre creux A.

G, couronne en fonte, fixe, portant les quarante directrices, qui forment autant de canaux courbes par lesquels l'eau est injectée sur les aubes. La couronne et les directrices sont également venues d'une seule pièce de fonte.

(1) Voy. la *Publication industrielle* (1re vol.).

I, boîte à étoupe, dépendante de la couronne fixe G, et servant de collier, ou boîtard, à la partie inférieure de l'arbre creux A.

J, autre couronne, fixée sur le plancher T, T, du rez-de-chaussée, et servant de boîtard supérieur audit arbre A. Cette couronne, de 2^m480 de diamètre moyen, comme la turbine, porte quarante tubulures uniformément réparties sur sa circonférence, et alésées pour servir de guides aux quarantes tringles *j* des vannettes M.

K, couronne, ou poulie, en fonte, à deux gorges réunies, en deux points diamétralement opposés, par deux plans inclinés, à contours adoucis, dont la longueur est déterminée par l'espacement de deux vannettes consécutives. Cette couronne K forme la pièce principale du mécanisme au moyen duquel on peut lever *tel nombre de vannettes* que nécessite le volume dont on dispose ou dont on a besoin actuellement. En effet, imaginons que la couronne à double gorge K soit mobile autour du moyeu, tourné à cet effet, de la couronne fixe J, par l'intermédiaire d'une roue dentée L fixée à demeure sur la moitié de la circonférence de cette couronne K, cette roue dentée recevant elle-même le mouvement d'un mécanisme quelconque dont fait partie le pignon M, et auquel s'applique la force d'un homme. Supposons, en second lieu, que, pour une certaine position de la couronne K et de la demi-roue dentée qu'elle porte, les mentonnets qui terminent par en haut les tringles, ou *queues*, *j* des quarante vannettes, soient tous rangés sur la gorge inférieure ; auquel cas toutes les vannettes M seront abaissées, c'est-à-dire fermées, comme l'indique la fig. 5. Si l'on vient à faire tourner la couronne K d'un quarantième de tour, deux vannettes M, diamétralement opposées, viendront, par le moyen des deux plans inclinés (fig. 7), passer de la gorge inférieure sur la gorge supérieure; elles se trouveront donc levées ou ouvertes. Quatre vannettes seront ouvertes quand on aura fait faire à la couronne *deux quarantièmes* de tour ; et les quarante vannettes enfin seront levées, c'est-à-dire que la turbine recevra l'eau *sur tout son pourtour*, quand la couronne à double gorge K aura opéré une demi-révolution.

On les fermera successivement, et deux par deux, en faisant mouvoir la couronne K en sens contraire.

NN, niveau d'amont de la chute, ou retenue.

OO, niveau d'aval, arrasant le dessous de la turbine, soit qu'il se trouve naturellement dans cette situation, soit qu'il y soit maintenu artificiellement par le jeu de l'appareil hydropneumatique dont il va être parlé, le niveau naturel ou extérieur étant alors en O′ O′.

P, vanne, dite hydropneumatique, rendue étanche par une garniture convenable en cuir ou en étoupe, qui ferme du côté d'aval l'espace où s'accumule l'air envoyé par le soufflet pour produire l'hydropneumatisation. — A l'étiage, quand le niveau extérieur O′ O′ sera descendu en O O, de telle façon que la turbine se trouvera dénoyée naturellement, on pourra relever la vanne P, et il va sans dire qu'on arrêtera alors le mouvement du soufflet, devenu sans objet.

Q, cloison en charpente qui ferme la chambre de la turbine du côté d'aval, pour former la chute ou retenue, et qui s'élève jusqu'au plancher T du rez-de-chaussée.

R, une des colonnes en fonte qu'on emploie, lorsque la chambre d'eau a une certaine largeur, pour empêcher la flexion du plancher inférieur de la turbine.

a a a, tuyau par lequel l'air est injecté dans l'espace où tourne la turbine pour l'hydropneumatiser, c'est-à-dire pour déprimer le niveau O′ O′ en O O.

b b b, tuyau mettant en communication les diverses parties de l'espace où l'air doit se répandre.

c c, tuyau de *trop-plein* de l'air, dont l'extrémité inférieure détermine la position du niveau artificiel et sert à s'assurer à chaque instant que la turbine tourne *dans l'air*, quoique placée *en contre-bas de l'eau d'aval.*

Si l'on a bien compris la description qui précède, et si l'on prend la peine de la comparer avec celle de la turbine Fontaine, que nous avons donnée en détail dans la *Publication industrielle* (1), on reconnaîtra que la turbine de MM. Girard et Callon rappelle par sa forme générale celle de la turbine Fontaine, mais qu'elle en diffère essentiellement par les points suivants :

1° Canaux mobiles ou récepteurs en nombre égal à celui des orifices adducteurs, et tracés de manière à assurer la marche des veines liquides, d'après le principe de la libre déviation, dont nous avons exposé ci-dessus les avantages;

2° Évidements *e e*, ménagés pour le même objet (fig. 4 et 5), dans les parois cylindriques de la turbine F;

3° Mécanisme particulier, au moyen duquel les vannettes M peuvent être levées par couples, en nombre proportionnel à la quantité d'eau qu'il s'agit de dépenser, les vannettes étant, dans tous les cas, ou complétement ouvertes ou complétement fermées, de manière à éviter la perte d'effet utile qui résulte de leur levée incomplète dans les turbines ordinaires;

4° Appareil hydropneumatique qui, en débarrassant la turbine de l'action perturbatrice des eaux extérieures d'aval, permet l'application facile et avantageuse du mode d'injection de l'eau par vannes partielles indépendantes.

La construction des turbines de MM. Girard et Callon est d'ailleurs confiée à MM. Fromont, qui ont conquis le premier rang dans la spécialité de la construction des turbines, comme le prouve surabondamment la haute distinction qu'ils viennent d'obtenir à l'Exposition universelle.

(1) Voyez le IVe vol. (planches et texte) de ce Recueil.

VII.

TURBINE HYDROPNEUMATIQUE, DITE A PAPILLON.

La planche 51 représente une turbine de ce genre, avec chambre d'eau ordinaire, c'est-à-dire en charpente, et régulateur de vitesse (cette turbine ayant été établie pour conduire une filature et un tissage).

La fig. 1 de la planche 52 est une variante en quelque sorte de cette turbine à papillon, avec bâche fermée, en fonte, telle qu'il convient de la disposer pour l'utilisation des hautes chutes.

Nous nous occuperons d'abord de la description de la première.

Fig. 1, coupe verticale et longitudinale de la turbine et de ses divers accessoires, notamment du régulateur de vitesse.

Fig. 2, projection horizontale du vannage à papillon et de la chambre d'eau.

Fig. 3, développement d'un orifice adducteur et d'un orifice récepteur, censés tracés sur le cylindre extérieur de la couronne annulaire qui forme la turbine.

Fig. 4, développement d'un orifice adducteur et d'un orifice récepteur, censés tracés sur le cylindre intérieur de ladite couronne.

A, arbre creux en fonte.

E, son prolongement.

B, arbre fixe en fer, dont la partie supérieure sert, comme dans la turbine précédente, de crapaudine à tout le système.

C, poëlette de l'arbre B, scellée sur la pierre D.

F, couronne en fonte formant la turbine proprement dite.

H, disque servant ici de bras à la couronne F, et fixé sur l'arbre creux A par les moyens ordinaires.

G, couronne en fonte, fixe, portant les directrices qui injectent l'eau sur les aubes venues de fonte avec la turbine F.

I, boîte à étoupe, dépendante de la couronne G et servant de boîtard pour le bas de l'arbre A.

J, boîtard supérieur dudit arbre.

K, soufflet produisant l'hydropneumatisation de la turbine. — Nous donnerons dans une des livraisons suivantes la description de ce soufflet, qui offre des détails intéressants et qui peut s'appliquer à beaucoup d'autres usages que celui auquel il est ici approprié.

L, *papillon*, au moyen duquel on peut, soit donner l'eau sur la demi-circonférence entière de la turbine, soit en intercepter complétement le passage, soit enfin la donner sur telle fraction intermédiaire du pourtour de la turbine. — Il résulte implicitement de cette forme du vannage que la couronne G ne porte de directrices que sur deux quarts, diamétralement opposés, de son pourtour, ou que, si elle en porte sur toute sa circonférence, les deux autres quarts sont bouchés, d'une manière permanente, par des obturateurs disposés à cet effet.

M, pignon qui engrène avec un segment denté que porte l'une des *ailes* du papillon. Ce pignon est mis en mouvement par un mécanisme qui sera décrit plus loin.

NN, niveau d'amont.

OO, niveau d'aval, déprimé par le soufflet.

O′O′, niveau naturel d'aval, qui varie généralement entre certaines limites.

P, réservoir d'air en fer et tôle dont les extrémités doivent se replier à angle droit contre les parois latérales des murs, afin qu'il soit rendu bien étanche.

Q, cloison fermant la chambre d'eau du côté d'aval.

R, colonne supportant la charpente inférieure de la chambre d'eau au milieu de sa longueur.

T, plancher du rez-de-chaussée.

U, V, transmission par engrenages d'angle pour commander un arbre de couche Z, dont le premier palier est porté sur une charpente X entourée d'une auge ou boîte, en tôle, disposée de façon à empêcher les engrenages d'être mouillés.

Y, autre charpente pour porter au besoin un collier intermédiaire pour l'arbre creux A, lorsque les boîtards I et J sont trop espacés.

a a a, tube d'injection de l'air foulé par le soufflet K.

d, *b*, *b*, rouages d'angle communiquant le mouvement : d'une part, au soufflet K par l'intermédiaire du plateau à manivelle *f* ; d'autre part, à un arbre de couche qui, par le moyen des petits rouages d'angle *g*, *g*, fait mouvoir le régulateur à boules *i*.

h, tambour à deux ou plusieurs diamètres (afin de déterminer par le tâtonnement la meilleure condition de marche), conduisant par le moyen d'une courroie l'une des trois poulies *z*, *z*, *z*. Suivant que, par l'action bien connue du régulateur à boules, la courroie correspond à la poulie du milieu, à celle de gauche ou à celle de droite, le papillon L reste immobile, il couvre les adducteurs diamétralement opposés, ou bien enfin il les découvre ; maintenant ainsi une dépense d'eau constante tout le temps que la vitesse de régime se maintient elle-même, mais retirant de l'eau, ou en donnant, aussitôt que cette vitesse s'accélère ou se retarde, afin d'en resserrer les écarts dans des limites déterminées par la nature du travail de l'usine.

A cet effet, les roues d'angle *p* et *p′* sont solidaires, la première avec son arbre de couche, la seconde avec un manchon, ou arbre creux, mobile sur le premier, et solidaire avec la poulie *l de gauche*, tandis que la poulie *l de droite* est solidaire avec l'arbre de couche de la roue *p*, et que celle *du milieu*, enfin, est *folle* sur ledit arbre. Il en résulte, ainsi qu'on peut s'en assurer par un examen attentif du mécanisme et des rouages intermédiaires o, n, q, s, t, M, que l'arbre des rouages o, n, reste immobile, ou bien tourne dans le sens nécessaire, soit au recouvrement, soit au découvrement des orifices adducteurs, suivant que la position des boules du régulateur amène la courroie sur la poulie du milieu, sur celle de gauche, ou enfin sur celle de droite.

u, u, tirants en fer dont le but est d'empêcher la couronne fixe de fléchir, en la suspendant aux pièces T, T, du plancher du rez-de-chaussée.

e, e, évidements dans les parois cylindriques de la turbine, pour assurer la libre déviation des veines liquides, dont la marche est indiquée sur les fig. 3 et 4.

VIII.

TURBINE A PAPILLON,

AVEC BACHE FERMÉE, POUR LES HAUTES CHUTES.

(Fig. 1re, pl. 52).

Il est inutile de donner la description détaillée de cette turbine, elle est suffisamment expliquée par les dessins. Les mêmes objets, du reste, sont représentés par les mêmes lettres que sur les figures de la planche 51.

P P est la bâche en fonte, de forme annulaire, qui se boulonne sur la couronne fixe des directrices G.

Q est le tuyau par lequel arrive l'eau du bief supérieur.

OO, niveau d'aval, à peu près invariable, ou du moins dont on peut, en général, négliger les variations en raison de la grande hauteur de la chute.

Il en résulte que ces turbines à bâche peuvent être établies sur le principe de la libre déviation sans qu'il soit nécessaire, en général, de les hydropneumatiser.

BIBLIOTHÈQUE NATIONALE R.F. IMPRIMÉS

www.ingramcontent.com/pod-product-compliance
Lightning Source LLC
LaVergne TN
LVHW020510230826
846091LV00008BA/3444

9782019952860